2. Bengesco
758

A VOLTAIRE.

La plupart emportés d'une fougue insensée,
Toujours loin du droit sens vont chercher leur pensée;
Ils croiraient s'abaisser dans leurs vers monstrueux,
S'ils pensaient ce qu'un autre a pu penser comme eux.
Évitons ces excès....

BOILEAU, *Art Poët. Chant. I.*

A AMSTERDAM.

1779.

A MADAME DENIS.

C'EST à la respectable Nièce & à la digne Amie du grand Homme, objet de nos regrets, que je présente un Écrit dicté par l'admiration & par la reconnaissance. Le nom de VOLTAIRE ne périra jamais; & le souvenir de l'amitié dont il m'honora reste au fond de mon cœur.

A VOLTAIRE.

Tu vins donc en ces lieux fubir la loi du fort.
Tu cueillis des lauriers fous la faulx de la Mort.
Quelle horreur s'eſt mêlée à tes momens funèbres!
Quels étranges tributs pour tes manes célèbres!
Ô VOLTAIRE! la Haine, en fes lâches excès,
Eut auffi fon triomphe & fes jours de fuccès.
Dans ce Paris vanté qui jouit de tes veilles,
On parut un moment oublier tes merveilles.
De tes Écrits hardis Verfaille un peu confus,
Défendit d'imprimer que tu ne vivais plus;
La Police ordonna que Melpomène, en larmes,
Ne récitât d'un mois tes vers remplis de charmes;
Un Curé refufa de bénir ton cercueil :
Tu devais bien t'attendre à ce dernier accueil!
Ennemi de l'erreur & de tout defpotifme,
Tu prêchas foixante ans l'*heureux Tolérantifme* (1);
Les devoirs, les vertus, les lumières, la paix,
L'amour du Genre humain : ce font-là tes forfaits!

Dans le vaste tableau que ta main offre à l'Homme,
Où tu peins ses revers, & les crimes de Rome,
Je vois sur les Autels des poignards aiguisés,
Sous un joug odieux les Peuples écrasés,
Le Froc donnant des loix à la Pourpre avilie ;
L'Europe se pressant dans les flancs de l'Asie
A la voix d'un Hermite, infame séducteur ;
Le faux zèle par-tout enivré de fureur ;
Les Sujets égorgés même aux pieds de leurs Maîtres ;
Les Princes expirans sous le glaive des Prêtres ;
Et l'Eglise, au milieu de la dissention,
Élevant le bûcher entre elle & la raison.

« Eh ! pourquoi, dira-t'on, nous retracer encore
» Les maux qui désolaient l'Europe à son aurore ?
» Ses Peuples aujourd'hui, nourris d'un doux espoir,
» Sur Thémis appuyés, craignent peu l'encensoir ».
Ils ne le craignent plus ! Allez sur ce rivage
Que subjugua le Maure, où domina Carthage,
Où par l'affreux Sylla tant de Romains vaincus,
Entouraient les drapeaux du grand Sertorius ;
Vous y verrez, hélas ! un Vieillard vénérable,
Courbé sous les revers dont le Prêtre l'accable ;
Son mérite, ses mœurs, & sa caducité,
Ne purent amollir un pouvoir détesté :
Les lâches ! de ses biens soudain le dépouillèrent,
Dans l'horreur des cachots ces monstres le plongèrent ;

L'Humanité gémit : de vils Inquisiteurs,
Bourreaux d'*Olavidès*, s'abreuvent de ses pleurs.

Si le sort me conduit aux murs de Parthénope (*),
Dans ce Climat vanté, le plus beau de l'Europe,
Je vois un Peuple immense, attentif & troublé,
Autour d'une Fiole en un Temple assemblé,
Impatient, rempli de crainte & d'espérance,
D'un miracle annuel bercer son ignorance,
Du Chantre de Didon mépriser le laurier,
Et dévorer des yeux le sang de Saint Janvier.
Ainsi, même en nos jours, un fier charlatanisme
Accrédite l'erreur, & pousse au Fanatisme.
Tu sais que ces abus sont ailleurs réprimés.

Parmi ces Roxelans qu'un grand Homme a formés,
Où remontant la lyre & d'Alcée & d'Horace (2),
Apollon se complaît sur des rochers de glace;
Vers les bords sablonneux où Neptune, en grondant,
Au fond d'un Palais d'ambre agite son trident (3),
Dans les sombres déserts de la Scandinavie (4),
Près des rives du Belt, où l'active industrie,
En sillonnant les mers, vient enrichir un Roi (5),
De la saine raison on reconnaît la Loi.
C'est là que des erreurs on a détruit l'empire :
Le Prêtre y doit prier, le Sage y peut instruire;

(*) Naples.

Et peignant la bonté dans ses regards sereins,
La douce Tolérance y sourit aux Humains;
Elle règne du moins sous les astres de l'Ourse.

FRÉDÉRIC, dont la gloire a dirigé la course,
Qui pense en Philosophe au milieu des grandeurs,
S'approche de ta cendre & la couvre de fleurs (6).

DÉLICES de son Peuple, & du Sage admirée,
Réformant les abus d'une vaste contrée (7),
CATHERINE te pleure, & venge tes affronts
Par un Écrit touchant, au-dessus de ses dons (8) :
Elle qui du Croissant abaissa l'arrogance,
Et sema la terreur aux portes de Byzance.

O! QUE ces doux momens d'un âge fortuné,
Momens que près de toi j'ai passés dans Ferney,
Se retracent toujours à mon ame attendrie !
Les plaisirs sont plus purs au matin de la vie.
Dans ta retraite admis, à tes côtés placé,
Je voyais le Mortel par l'Europe encensé;
Mon cœur se pénétrait d'une volupté pure.
Idolâtre des Arts, Amant de la Nature,
Oh! combien je préfère un rustique séjour
Au tourbillon du Monde, aux pompes d'une Cour,
Aux vains amusemens de nos Cités bruyantes !
Du front de cent rochers les sources jaillissantes,

Ces plaines, ces vallons, ces côteaux, & plus loin
Ces monts où l'Aigle altière habite sans témoin,
Murs des Helvétiens, & berceau des orages,
Dont le sommet glacé se perd dans les nuages;
Ces sites gracieux, ces paisibles hameaux,
Dispersés près d'un lac, retracés dans ses flots;
Les trésors de Cérès, de Bacchus, de Pomone,
L'abondance champêtre environnant le Trône
De la Divinité qui guida le poignard
Dont *Casca* le premier osa frapper César;
Ces objets ravissans, & qui parlent à l'ame,
L'auguste Liberté, dont l'aspect nous enflamme,
Du génie, en ces lieux, la splendeur & l'emploi,
Tous les Arts triomphans, VOLTAIRE devant moi!
Présentaient à mes yeux le plus brillant spectacle:
Je me croyais à Delphe, & tu fus mon Oracle.
Tu prêchais les vertus, & l'ennui s'écartait;
Tu parlais à l'esprit, & le cœur écoutait.
Eh! quel Mortel jamais connut mieux son langage?

SEXE né pour régner! digne de notre hommage!
Dont le Sage chérit l'aspect consolateur,
Qui de l'Homme en vos mains tenez tout le bonheur,
S'il est vrai que jamais cette pure ambroisie
Ait adouci le fiel des chagrins de la vie,
Le tendre sentiment respire en votre sein,
Parlez: VOLTAIRE a-t-il connu l'heureux chemin

Qui conduit le Poëte en vos ames senfibles?
Aimez-vous ſes pinceaux, & touchans & terribles?
Et lui préſentez-vous, dans vos douces erreurs,
Pour prix de vos plaiſirs le tribut de vos pleurs?
J'admire des Tarquins l'Adverſaire inflexible;
Je le vois ce Héros, ce Juge incorruptible,
A la Liberté ſeule élever des autels,
Et les teindre du ſang de ſes fils criminels.
J'admire le Conſul, dont la main protectrice
Soutint Rome tremblante au bord du précipice,
La ſauva des fureurs du fier Catilina;
Et ces grands Citoyens que Céſar enchaîna,
Qui punirent bientôt ſa hauteur inſolente (9);
Près d'une Urne funèbre Électre gémiſſante;
L'auguſte Mandarin, qui, fidèle à ſes Rois,
Oppoſe au Conquérant ſa grande ame & les Loix;
Et Mérope, au milieu d'une troupe en furie,
De l'amour maternel déployant l'énergie;
Et le digne Alvarès, modèle des vertus;
Et cette Reine altière, épouſe de Ninus,
Par les Arrêts du Ciel, tremblante, conſternée,
Sous le glaive d'un fils en victime amenée.
Dans des climats brûlants, renverſant les États,
Du nom de l'Éternel couvrant ſes attentats,
Un Brigand fait ſervir, dans la Mecque, à Médine,
L'autel à ſa grandeur, le glaive à ſa doctrine.
Ces chef-d'œuvres divers étonnent nos eſprits;

Ils seront toujours lus, & toujours applaudis.
Mais de nos passions les peintures touchantes
Le tourment de l'Amour, ses plaintes éloquentes,
Ce reflux orageux, ces larmes, ces sanglots,
La trace du plaisir, & cet amas de maux,
Ce passage subit d'un mouvement à l'autre,
Cet état, qui souvent nous retrace le nôtre,
Enfoncent dans le sein un trait plus déchirant;
On se trouble: tout cède au cri du sentiment,
L'esprit est désarmé lorsque le cœur soupire,
Le cœur préfère à tout les malheurs de Zaïre.

Le charme cesse. Un Sage instruit l'entendement,
Il donne à la pensée un plus grand mouvement,
Il donne à la raison un plus grand caractère,
Voltaire a préparé les beaux jours de la Terre.
Par ses douces leçons je me sens affermi;
L'Écrivain disparaît, je ne vois qu'un Ami:
Il connaît mes besoins, il parle à ma faiblesse,
Et sans me l'annoncer m'apporte la sagesse.
Ici sa main me trace un Code fortuné (*),
Réprouvé par le Prêtre, & du Ciel émané;
Là combattant *Leibnitz*, au milieu des alarmes,
Pour *Lisbonne* abîmée il recueille mes larmes (**).

(*) *Poëme sur la Loi naturelle.*
(**) *Poëme sur le Désastre de Lisbonne.*

Il me conduit par-tout, fans jamais me laffer;
Me reproche mes torts fans jamais m'offenfer;
M'élève à mon Auteur; & par un art suprême
Il me fait, malgré moi, defcendre dans moi-même.

QUELLE Divinité paraît en ces Climats!
Les rayons de la gloire environnent fes pas;
Ah! je la reconnais : elle enchanta la Grèce,
Au Peintre de Didon prodigua fa richeffe;
Après un long fommeil deux fois fe ranima,
Fit le portrait d'Armide, & célébra Gama :
Aux rives d'Albion, & fublime & bizarre,
Un moment fe couvrit d'un vêtement barbare;
Et dans la Germanie, aimable en fa beauté,
Reprit fon charme antique & fa fimplicité (*).
Orgueilleufe en fon vol, & par-tout adorée,
On la vit s'approcher des antres de Borée (**);
Elle vient à ta voix aux remparts de Paris,
Où fes Sœurs, honorant le Siècle de *Louis*,
Couvraient de leur éclat les beaux jours de la France.
Du généreux BOURBON tu chantes la vaillance,
Ses travaux, fes périls; & ton cœur tranfporté,
Aux Humains attendris retrace la bonté,

(*) *Le Poëme de la Mort d'Abel de M. Geffner.*

(**) *M. Lomonofow, Ruffe, avait entrepris un Poëme Épique, dont le Héros était* PIERRE-LE-GRAND. *La Mort l'a enlevé au milieu de fes travaux ; il n'a laiffé que deux Chants, qui étincellent de beautés fupérieures.*

Les touchantes vertus de cette ame senfible.
J'aime à le contempler, sous l'Olive paisible,
Offrant à ses Sujets un Dieu consolateur,
Tourmenté de leurs maux, heureux de leur bonheur.
Ô grand Homme! ô HENRI! ta gloire est immortelle:
Toujours des meilleurs Rois tu seras le modèle.

QUEL contraste charmant! Ta Muse s'adoucit:
Dans ses atours nouveaux Calliope sourit.
C'est ainsi qu'on a vu la Déesse de Gnide,
Loin du séjour pompeux où Jupiter préside,
Et fuyant les honneurs de la Divinité,
Déposer l'appareil, & garder la beauté.
Architecte enchanteur d'un Palais romanesque,
Tu peins de Charles-Sept la Cour *Chevaleresque*;
Le cœur de son Agnès de remords combattu,
Constant dans son amour, fragile en sa vertu.
Eh! qui peut refuser ses pleurs à Dorothée?
Du récit de sa mort mon ame est tourmentée.
J'aime ce Poitevin par l'Amour animé,
Dunois, l'Ajax du tems, pour la Gloire formé;
Et l'Ode, où Saint Denis annonce un beau Génie,
Digne de concourir à votre Académie.....

MAIS le Pinde superbe entend d'autres concerts.
Ta lyre est consacrée aux loix de l'Univers,
Tu les chantes: Newton a trouvé son Poëte;
Et VOLTAIRE devient un sublime interprète.

Quel ordre de beautés! quels effets! quels pinceaux (10)!
Tu ne rajeunis point des antiques tableaux.
Ainsi dans ces climats fameux par des trophées,
Lorsque le Voyageur franchit les monts Riphées,
Qu'il vient se reposer, de sa course lassé,
Sur les bords du Tobol, sur ceux du Jénissé,
La Nature, en ces lieux brillante & solitaire,
Frappe son œil surpris d'une pompe étrangère,
Prête à tous les objets des vêtemens nouveaux,
Et d'un cachet plus fier a marqué ses travaux (11).

Mon regard suit toujours la scène qui varie:
Tu descends de l'Olympe au Boudoir de Sylvie.
Ton ame a tous les goûts (*), ta Muse a tous les tons;
Et le luth des Amours remplace les clairons.
A table, tu fixais la gaîté fugitive,
Et Paris n'a point vu de plus charmant convive.
Mais lorsque le Soleil, de son rayon naissant,
Marquait du mont Jurat le sommet imposant,
L'homme aimable du soir, par un retour facile,
Redevenait Platon, ou Sophocle, ou Virgile.
Tu les vois aujourd'hui ces grands Maîtres de l'Art:
Zoïle est aux Enfers, & tu bois le nectar;
Accueilli, caressé, tu reçois des offrandes:
Aspasie & Ninon t'apportent des guirlandes.

(*) *Tous les goûts à-la-fois sont entrés dans mon ame.*
VOLTAIRE.

Seul distingué de tous, le grand Chantre d'Hector
Se montre à tes regards sur un nuage d'or,
Un sceptre est dans ses mains; les Grâces adorées
Te parent d'un rameau de ses palmes sacrées;
Et celui qui jadis peignit aux Grecs émus
Le Fils de Télamon & le Fils de Laïus,
En observant de près ta Muse souveraine,
Abaisse les lauriers qu'il tient de Melpomène.
Platon voit son rival, guide éloquent & sûr,
Plus modeste que lui, dans un sentier obscur.
L'innocence, timide & sans cesse effrayée,
Sur Démosthène ici se repose appuyée;
Et tournant un regard toujours plein de candeur,
S'écrie à ton aspect: *Le voilà, mon Sauveur!*
Salluste de ta plume admire la magie,
Tacite ton coup-d'œil, Lucien ta saillie:
Horace & Despréaux accourent sur tes pas (12):
Newton, par toi chanté, te remet son compas;
Et préférant les jeux aux recherches des causes,
Le tendre Anacréon te présente ses roses.
Telle fut ton entrée aux Champs Élysiens.
Je sais que ces Climats ne sont pas trop Chrétiens;
D'une raison riante ingénieux Apôtre,
Le Paradis Païen te charma plus que l'autre.

Ainsi la Poésie, en essuyant nos pleurs,
Nous plonge quelquefois dans ses douces erreurs;

Sa voix officieuse appelle le menfonge.
Un moment, de la vie elle embellit le fonge
Par l'afpect féduifant d'un avenir flatteur,
Où l'homme tourmenté trouve enfin le bonheur.
Le Grec, long-tems bercé par une main légère,
Dans les illufions terminait fa carrière :
Premier Légiflateur, le Chantre harmonieux
Lui traça fes devoirs & lui créa des Dieux ;
Et lorfque de fes jours la trame était ufée,
Il voyait devant lui le paifible Élyfée,
Des grottes, des bofquets, des gazons, des berceaux,
La retraite du Sage & celle du Héros ;
Le cœur était nourri d'un dogme qui confole.
Mais hélas ! ce jardin fantaftique & frivole
Difparaît au flambeau que porte la Raifon,
Et le doute dans l'ame a verfé fon poifon.
Je vois que tout s'éteint, que tout marche à fon terme :
Tu charmas l'Univers, une urne te renferme.
Que devient notre efprit ? A quoi fert le talent ?
VOLTAIRE eft-il plongé dans la nuit du Néant ?
Trifte réflexion pour celui qui refpire !
Et ma tremblante main fent échapper fa lyre.

NOTES.

Page 5 (1).   *. . . . . . . L'heureux Tolérantisme.*

Il me semble qu'avant M. *de Voltaire* aucun Poëte n'a employé le mot *Tolérantisme.*

Page 7. (2).   *Où remontant la lyre & d'Alcée & d'Horace.*

Entre plusieurs Poëtes pleins de mérite que la Russie a produits, on distingue *Lomonosow*, l'un des grands Lyriques qui ait existé.

Page 7 (3).   *Au fond d'un Palais d'ambre agite son Trident.*

La Mer Baltique est très-orageuse. Elle dépose l'ambre sur les Côtes de la Prusse.

Page 7 (4).   *Dans les sombres déserts de la Scandinavie.*

L'aspect de la Suède est triste, la Scanie exceptée. On n'y voit guères que des rochers & des marais couverts de bois résineux, qui répandent un air mélancolique sur les sites les plus pittoresques, & qui devraient être les plus rians.

Page 7 (5).   *En sillonnant les Mers, vient enrichir un Roi.*

Les Droits sur le passage du Sund, qui est la porte de la Mer Baltique, forment une branche des revenus de la Couronne de Danemarck.

Page 8 (6).   *S'approche de sa cendre, & la couvre de fleurs.*

S. M. le Roi de Prusse a composé l'éloge de *Voltaire* au milieu d'une campagne où il avait à contenir toutes les forces de la Maison d'Autriche.

Page 8 (7).   *Réformant les abus d'une vaste Contrée.*

S. M. l'Impératrice de toutes les Russies a donné des instructions supérieures pour un Code de Législation, auquel elle a fait travailler la Nation sous ses yeux. C'étoit un beau & singulier spectacle, que de voir six-cents Députés de toutes les Provinces de l'Empire, rassemblés dans le Palais Impérial, pour dresser des Réglements fondés sur la raison, l'équité & l'amour de la tolérance. Parmi ces Députés, on en trouvait non-seulement de différentes Sectes Chrétiennes, mais des Mahométans, & même des Idolâtres, tous Sujets de la Russie. On pourrait également appliquer à *Catherine II* ces Vers que M. *de Voltaire* adresse au Roi de Prusse, dans son Poëme sur la Loi naturelle.

> D'où vient que les enfants de Calvin, de Luther,
> Qu'on croit delà les monts bâtards de Lucifer,
> Le Grec & le Romain, l'empesé Quiétiste,
> Le Quakre au grand chapeau, le simple Anabaptiste,
> Qui jamais dans leurs loix n'ont pu se réunir,
> Sont tous, sans disputer, d'accord pour vous bénir?
> C'est que vous êtes sage, & que vous êtes maître.

Page 8 (8). *Par un Écrit touchant, au-dessus de ses dons.*

On connaît les présens & la lettre aussi noble que touchante que l'Impératrice de Russie a adressés à Madame Denis, nièce de M. de *Voltaire*.

Page 10 (9). *Qui punirent bientôt sa hauteur insolente.*

Il me semble que jamais l'esprit républicain des Romains, leur grandeur d'ame, leur sublime patriotisme, leur caractère décidé, n'ont été peints avec plus de vérité, de force & de noblesse, que dans *Brutus, Rome sauvée, & la Mort de César.*

Page 14 (10). *Quel ordre de beautés! quels effets! quels pinceaux!*

M. *de Voltaire* est le premier en France qui ait embelli du charme de la Poësie des vérités physiques & rigoureuses.

Voyez l'Épître dédicatoire de la Philosophie Newtonienne à Madame du Châtelet, & le septième chant de la Henriade. Jamais, par exemple, on ne peindra mieux le Soleil que dans ces Vers admirables :

> Dans le centre éclatant de ces orbes immenses,
> Qui n'ont pu nous cacher leur marche & leurs distances,
> Luit cet Astre du jour, par Dieu même allumé,
> Qui tourne autour de soi sur son axe enflammé, &c.

Page 14 (11). Et d'un cachet plus fier a marqué ses travaux.

Il est certain que du moment qu'on a passé les monts Riphées qui bornent la Russie proprement dite, & qu'on tire vers le Sud-Est de la Sibérie, on trouve une Nature qui contraste fortement avec celle qu'on a eue long-tems sous les yeux. Ce sont d'autres sites & d'autres productions dans tous les genres. Les fleuves, tels que le Léna, l'Obi, le Jénissé, l'Angara, sont d'une largeur immense, & rappellent ceux de l'Amérique. Le sol est par-tout fertile comme en Russie; mais la terre est couverte de forêts de cèdres & de chênes d'une grosseur prodigieuse, & de quelques arbres & arbustes qu'on ne rencontre pas ailleurs. Dans cette Contrée naissent des plantes qu'on ne trouve nulle part; voyez l'Ouvrage intitulé *Flora Siberica*. On y prend des Martres zibelines, des Hermines, des Renards noirs, &c. dont les fourrures sont si précieuses. On y tire du sein de la terre de l'or, de l'argent, du cuivre, du fer qui ne le cède à aucun autre pour la qualité, des topazes d'une grande beauté, du jaspe, du granit, & des marbres de toute espèce. Les Habitants y sont d'une stature plus haute & d'une constitution plus robuste que dans le reste de la Russie. Telle est cette Sibérie dont on pense que l'Abbé Chappe a donné une description exacte. Cet Abbé, qui eut la patience d'écrire un gros Libelle contre le Pays où il avoit été envoyé pour faire des Obſervations aſtronomiques, eſt victorieuſement réfuté dans un Ouvrage intitulé l'*Antidote*, plein de ſel, d'eſprit & de gaîté.

Page 15 (12).   *Horace & Deſpréaux accourent ſur tes pas.*

On connaît les Épîtres que, ſur la fin de ſa carrière, M. de *Voltaire* écrivit à Horace & à Boileau.

FIN.

www.ingramcontent.com/pod-product-compliance
Lightning Source LLC
Chambersburg PA
CBHW071417060426
42450CB00009BA/1930